OBSERVATIONS

POUR SERVIR

AUX ÉLECTIONS DE 1831.

Tous les Electeurs sans doute veulent la gloire et la prospérité de la patrie; tous comprennent l'importance du bon choix des députés, et la gravité du devoir qu'ils ont à remplir. Mais la situation très-critique de la France, la fermentation générale qui règne en Europe, et les conséquences incalculables qui résulteront de la composition de la nouvelle Chambre représentative, rendent plus essentiel que jamais le besoin absolu d'accomplir cette œuvre avec la circonspection, la prudence, la sagesse, et en même-tems la fermeté qu'elle exige.

Pour y parvenir sûrement, les citoyens appelés à cette noble tâche, doivent y procéder avec calme et réserve, se dépouiller de l'esprit de parti, s'entourer de lumières pour s'assurer des véritables dispositions des candidats, sous le double rapport de leur mérite personnel et de la tendance de leurs sentimens politiques ; sonder consciencieusement la pureté des intentions de celui qui sollicite leurs suffrages ; savoir discerner dans celui-ci l'amour réel qu'il a pour son pays ; dans celui-la les erreurs de son esprit systématique, et dans un autre les vues intéressées qui le guident.

Ici quelques remarques seront peut-être utiles.

Les candidats appartiennent à trois grandes catégories, sans faire mention des subdivisions qui s'y rattachent.

La première est formée par la très-grande majorité des Français, qui, amis de la Charte constitutionnelle, satisfaits de l'étendue de toutes les libertés nationales qu'elle leur garantit, reconnaissent franchement le Gouvernement constitué et l'admettent avec toutes ses conséquences, sauf à y faire les modifications qu'on jugera nécessaires par la suite. Ils désirent ardemment la stricte exécution des lois, le maintien de l'ordre, de la paix, et détestent l'anarchie et les perturbateurs du repos public. Dans cette classe, ou plutôt dans ce grand corps de la nation, se rangent les membres des autorités civiles, militaires et judiciaires, fidelles à leurs sermens ; les gens de bien-éclairés, les propriétaires paisibles, les commerçans, les industriels, les agriculteurs, pour lesquels la tran-quillité est un élément vital.

La deuxième comprend, sous la dénomination de *Carlistes*, les personnes qui, par respect, par reconnaissance ou attachement religieux à la famille du Roi déchu, croyent devoir lui conserver les droits que leur conscience leur attribue, après même la cessation de son pouvoir; majeure partie du clergé froissé par la nouvelle charte qui a cessé de reconnaître la religion catholique pour la religion de l'État; un petit nombre d'anciens nobles, et de ceux qui ont pris une part active aux guerres civiles; les sectaires et dévots à qui une conscience timorée ne permet pas de raisonner.

La troisième se compose des citoyens, qui, endoctrinés par le reste des agens de l'ancien gouvernement révolutionnaire de 1793, ou exaltés par les brillants récits de la prospérité des États-Unis d'Amérique, non contents de l'immense étendue de nos libertés nationales, résolus de tout sacrifier à une pure démocratie, voudraient, à tout prix, établir en France une république absolue. Dans cette classe se trouvent les jeunes gens dont la force des passions et l'imagination ardente leur font embrasser avec enthousiasme l'espoir de faire renaître dans notre patrie la gloire de Sparte et d'Athènes ; les fils de famille peu favorisés de la fortune, qui, se sentant des moyens personnels, et s'indignant, sans se l'avouer, de la place inférieure que leur position leur a assignée dans la société, sont résolus de tout entreprendre pour changer l'ordre de choses établi, et parvenir, en s'ouvrant une nouvelle carrière, à remplir des emplois plus honorables, et à déprimer ceux de leurs concitoyens qui leur portent ombrage ; les débris des anciennes sociétés populaires de Robespierre et de Marat, restés implacables ennemis des Bourbons et de tous les Rois ; enfin quelques hommes vertueux, mais sombres et atrabilaires, qui ne comprennent pas leur siècle, qui veulent devancer le progrès des lumières, et ne se contentant jamais du bien qui s'opère, se repaissent incessamment d'idées chimériques.

Examinons maintenant de bonne foi et avec impartialité, le mérite des opinions de ces divers partis, et surtout les conséquences qui résulteraient de l'obtention du but auquel chacun d'eux s'efforce de parvenir.

D'abord il est évident que la masse principale des citoyens attachés au Gouvernement constitué et reconnu, est seule dans un droit légitime, seule dans la légalité. Ce n'est que par tolérance, et d'une manière occulte que les factions de la minorité existent; celles-ci ne peuvent former que des vœux tacites, ne pratiquer que de sourdes et ténébreuses menées. La condescendance, la clémence avec laquelle on les traite n'a certainement pour but que de les ramener à l'unité de la nation, en leur ouvrant les yeux et leur faisant reconnaître leurs erreurs.

Quelque reproche qu'on aurait eu antérieurement à faire à la famille de Louis-Philippe, on ne doit voir aujourd'hui en lui que le Chef auguste des Français. La nation s'avilirait en ne l'entourant pas de ses respects les plus profonds. Il est l'élu du peuple; c'est la providence qui l'a placé sur le trône : *vox populi, vox Dei*. La prudente circonspection avec laquelle il règne, prouve qu'il comprend la nature des institutions d'un gouvernement représentatif, où le souverain doit se borner à faire exécuter la loi.

Le 8 Août 1830, durant l'absence du pouvoir exécutif, lorsque l'empire de la loi était momentanément suspendu, les sages, les habiles, les grands de l'État ont restauré les dispositions de la

Charte constitutionnelle. Ils ont fait subir à ce pacte social fondamental tous les changemens, tous les perfectionnemens dont il était susceptible, pour assurer à la nation la plus grande latitude de libertés - possibles; c'est de la sorte qu'il a été reconnu et juré. Qui ne sentira que cette œuvre des méditations de la sagesse et des lumières du siècle est le palladium de la prospérité publique, l'arche sainte à laquelle il n'est plus permis de toucher! Toutes les innovations sont donc consommées. Il est tems que le vaisseau de la révolution jette l'ancre au port. Le tems seul consolidera nos institutions. D'ailleurs le pouvoir législatif est là pour faire les améliorations désirables, et remplir les lacunes dont on s'appercevrait.

L'ardente jeunesse, les vieux compagnons d'armes du grand capitaine, et ceux qu'on appelle les *hommes du mouvement*, s'indignent de la modération du système pacifique et du principe de non intervention adopté par le Ministère actuel. Hélas! n'est-ce pas par un esprit de vertige inconcevable qu'on ne reconnait plus le mérite de la raison, de la prudence, de la sagesse parmi les gouvernans qui savent allier la fermeté à la douceur, l'énergie à l'indulgence? Ne possédons-nous pas tous les élémens de la félicité publique ? La consolidation de la paix ne doit elle pas completter le bonheur de la France ? Ne serait-ce pas abuser de nos ressources que de compromettre nos destinées, en affrontant par d'injustes provocations le courroux de toutes les puissances européennes ? Pour gouverner les hommes, pour être diplomate, pour conserver son rang parmi les nations, il faut plus d'adresse que de force, et cette adresse, avouée par la raison, qu'on appelle politique, n'exclut point la justice, calcule tout, et observe les convenances.

Voyons ce qu'on doit penser des Carlistes.

Ils méritent, en majeure partie, des égards, par la droiture de leurs sentimens et de leur conduite; par le malheur qu'ils ont d'avoir été dépossédés des places que la plupart occupaient; par leur soumission à la loi; par le rang distingué que presque tous ont dans la société; mais ce n'est, bien entendu, qu'autant qu'ils ne manifestent pas leur opinion politique ni leurs voeux; qu'ils supportent sans se plaindre les charges de l'État dont les bienfaits de la législation leur sont profitables; et surtout qu'ils renoncent entièrement à toute disposition hostile. Malheur à ceux qui penseraient à susciter la guerre civile, guerre impie, le plus grand des fléaux pour la patrie.

Le principe de la légitimité de l'hérédité du trône par le *droit divin*, qui fait la bâse de leurs argumentations, n'est plus de ce siècle. Qui ne sent que le droit de gouverner les peuples ne saurait être une propriété incontestable et transmissible à toujours ? Cette théorie des rois a été introduite insensiblement après une longue suite de règnes tranquilles, à l'effet de corroborer le dogme de la légitimé de l'hérédité, salutaire en lui-même ; mais elle est une sorte d'article de foi gratuit, et non la conséquence du raisonnement. Il est remarquable que le texte, l'esprit de l'évangile, aulieu d'autoriser rejette précisément cette prétention toute humaine. Saint-Paul ne laisse aûcun doute à cet égard dans le premier paragraphe du chapitre XIII de son épître aux Romains. Au reste, l'histoire, qui parle plus haut que tout, prouvé par le fait que la nécessité et le vœu de la nation ont opéré plusieurs fois le changement de la dynastie regnante, même dans les tems de ténèbres où le clergé dominait, sans qu'il fut alors question du *droit divin*.

Les Carlistes qui souhaitent le rétablissement de la dynastie de la branche aînée des Bourbons, doivent concevoir que cette nouvelle révolution à laquelle ils aspirent, ne pourrait s'effectuer que par la force des baïonnettes étrangères. Or, l'extrême majorité des Français s'étant prononcée pour l'ordre actuel des choses, et l'expérience des guerres antérieures ayant prouvé avec quel acharnement les populations défendent leurs libertés, quel est celui sincèrement attaché à son pays, qui, pour la simple préférence à donner à une famille de souverains plutôt qu'à une autre, voudrait occasionner une conflagration générale, épouvantable en Europe, mettre tout à feu et à sang en France, et y prolonger une pertubation désastreuse? Quand le succès couronnerait une si affligeante entreprise, le fond des choses, savoir, l'étendue des libertés publiques obtenues par le progrès des lumières, resterait absolument le même. En effet, qu'on suppose un instant le neveu de Charles X monté sur le trône, il serait, de prime abord, obligé de prêter serment de fidélité à la Charte constitutionnelle de 1830. Après bien des calamités rien ne serait changé au fond des choses, et il serait très-problématique, que, même avec l'assistance des étrangers (ce qui est toujours honteux) le jeune prince put se défendre de devenir la victime des ennemis nombreux et acharnés qui l'entoureraient.

Au tems où la loi seule gouverne exclusivement, qu'importe la branche aînée ou la branche cadette d'une ancienne dynastie. Que ce soit

Philippe ou Henri qui soit le chef de l'État, il ne sera toujours que l'instrument passif de la loi. D'après la nature de nos institutions, et sous le règne des lois, les qualités personnelles des monarques n'ont pas une influence sensible. Autrefois, le Roi était la loi, parce qu'il pouvait à son gré, la faire ou la modifier. A présent, il n'en fait que l'application pure et simple, et ne fait que présider à son exécution.

On peut encore remarquer relativement aux Carlistes, que ce ne sont pas toujours les personnes qui professent les principes les plus purs, les plus sévères dont on doit préférer la morale et la règle de conduite : témoins les Puritains d'Écosse, au tems du roi Jacques I.er, et les Jansénistes, sous le règne de Louis XIV.

Passons à l'examen des Républicains.

Ce parti est sans contredit le moins nombreux, mais le plus redoutable de tous ; redoutable par l'énergie et l'audace de ses adhérens, par le dévouement de ses chefs, par l'avantage immense qu'il a d'être dirigé par un pouvoir occulte, par l'enthousiasme qui anime la jeunesse dont il est presque tout composé, par sa forte détermination de ne rien épargner pour asservir la majorité et faire triompher sa cause, enfin par sa constante persévérance dans la poursuite de sa funeste entreprise. Les troubles de Paris en Décembre et Janvier derniers, les aveux cyniques de Sambuc, Cavaignac et compagnie dans le cours de leur jugement, les toasts qui ont été solennellement portés dans les orgies des *vendanges de Bourgogne*, le refus outrageant d'être décorés de la main du Roi qu'à fait une partie des héros de Juillet, les statuts des sociétés populaires qui se rattachent à ceux des sociétés secrètes, enfin les désordres déplorables qui ont eu lieu récemment à Tarascon, à Grenoble et dans maints autres lieux, sont à l'appui de cette vérité, et ne prouvent que trop incontestablement l'existence, la doctrine et les desseins de nos républicains.

Leur position sociale les rapprochant des ouvriers, des prolétaires, ils en profitent pour les séduire. Ils le font d'autant plus facilement, qu'ils sont toujours disposés à faire des sacrifices pour obtenir des succès, et que les gens des classes inférieures auxquelles il s'adressent embrassent avidement l'espoir d'une amélioration dans leur sort, d'une indépendance illimitée, sans frein, sans subordination ni discipline.

Les Républicains nouveaux sont ceux qui ont

le plus déclamé contre les jésuites, les congréga-
nistes, les convertisseurs; ils ne se doutent pas
qu'ils les remplacent, en devenant eux-mêmes, à
leur tour, fanatiques, membres de sociétés scrètes,
séducteurs politiques.

Leur grand cheval de bataille est le principe de
la souveraineté du peuple. Sans doute ce principe est vrai et légitime en soi; mais ils lui
donnent une fausse interprétation, et rendent son
application abusive et pernicieuse. La volonté
libre et spontanée de la majorité de la population,
de *la nation entiere*, forme bien certainement
la *souveraineté du peuple*. Mais il est aisé de
sentir que ce droit éclatant et terrible ne doit
s'exercer que dans les grandes crises de l'État,
lorsqu'il y a absence absolu du pouvoir et suspen-
sion entière de l'exécution des lois en masse. Hors
ces cas rares (qui ne se rencontrent que dans les
grandes révolutions,) le maintien de la tranquil-
lité publique, sauvegarde de la prospérité et du
bonheur de la nation, exige impérieusement que
l'on se renferme rigoureusement, exclusivement
dans l'exécution des lois, et qu'on n'ait pas sans
motifs graves recours à la voix du peuple. D'ail-
leur la *souveraineté du peuple* est *essentielle-
ment indivisible.*

Loin de là, les Républicains de nos jours, les

antagonistes du gouvernement actuel, attribuent le pouvoir de la souveraineté du peuple à la volonté d'un canton, d'une ville, d'une portion d'arrondissement, même à la petite fraction d'une poignée de leurs partisans, et ils en prennent le prétexte pour commettre de honteux désordres. Lorsqu'ils parlent en public ils prétendent toujours exprimer les sentimens, les vœux de la France entière ; ce qu'il y a de pis c'est que par la fureur et la violence ils impriment la terreur et imposent silence à tous ceux qui les environnent. Voila une singulière souveraineté du peuple !

Si ces citoyens voulaient se donner la peine de raisonner dans le calme des passions, ne reconnaîtraient-ils pas que le Gouvernement créé le 9 Août 1830 est, par son essence et ses effets, une véritable république, appropriée sagement aux lumières du siècle, aux besoins du moment, aux mœurs, aux goûts, aux usages, aux habitudes des Français, ainsi qu'aux conséquences des antécédens? Que veulent-ils de plus? Que tout se fasse par le peuple, et par voie d'élections qui emploiraient l'année entière ? Qu'on n'entende plus parler de roi, parce qu'ils sont tous des tyrans? Que la propagande constitue *hic et nunc* le même état de choses dans toute l'Europe vaincue et nivellée ?

Nous le demandons de bonne foi, ces idées, qui sont cependant réellement celles des zélateurs et des adeptes, sont-elles sensées, admisssibles, pratiquables ? Certe, nous ne pensons pas qu'elles aient besoin d'être réfutées. Seulement, nous observerons que la civilisation et le progrès des lumières sont infiniment plus reculés dans tous les états de l'Europe qu'en France, et que les esprits n'y sont pas mûrs pour les institutions de la nature des nôtres : *res sapientissima tempus.*

M. de La Fayette est celui qui paraît avoir le plus contribué à inspirer aux jeunes français le désir d'un gouvernement tout-à-fait républicain. Lui-même a été trompé par la vive affection qu'il conserve pour cette partie du Nouveau-Monde, qui fut le théâtre des exploits de sa jeunesse. Comment n'a-t-il pas senti que les États-Unis d'Amérique et la France se trouvant dans des positions respectives très-différentes sous tous les rapports, il n'y avait aucun moyen de les assimiler dans leurs institutions ? En effet, la Nouvelle-Angleterre s'étendant sur un littoral maritime lointain et isolé, et n'étant bornée des autres parts que par des peuplades sauvages, n'a aucune frontière à garder, aucun voisin à redouter, aucune communication à craindre. Ses habitans forment un peuple neuf, sans antécédens, sans préjugés, sans religion prédominante, auquel la fécondité d'une terre vierge, et le commerce étendu que lui assure sa position géographique, suffisent pour servir d'élémens à sa constante prospérité. Dans cet état de choses, sur le refus du général VVashington, d'accepter la royauté, et à défaut de tout autre grand homme dont la prépondérance établit la supériorité, un gouvernement républicain y semblait très-convenable et y trouvait une heureuse application.

Comment comparer ce pays tout particulier, avec l'antique royaume de France, qui forme opposition avec lui de toutes les manières. Depuis quatorze cents ans nos moeurs, nos vices, nos vertus, nos préjugés, nos usages, nos habitudes, nos goûts, se sont identifiés avec les institutions d'un gouvernement monarchique. Notre religion plus vieille encore que la monarchie s'y est en quelque sorte incrustée, s'est emparée de toute sa population : l'union intime des deux (de la monarchie et de la religion) est un besoin vital. Entourée des nombreuses monarchies de l'Europe, qui ont toutes un intérêt puissant, à défendre la nature de leur constitution politique, la France est obligée de s'appliquer sans cesse à entretenir des relations de commerce et d'amitié avec ses voisins, sans lesquelles non seulement elle com-

promettrait sa prospérité, mais même son existence. Enfin notre belle patrie, arrondie, com-
pacte, populeuse, ne ressemble pas plus aux
États-Unis d'Amérique, qu'à Sparte, à Thèbes,
à Athènes, dont les historiens ont eu l'art d'exalter
tant d'imaginations par le récit du patriotisme de
leurs citoyens, qui, au fond, n'étaient pas plus
admirables que les nôtres.

Ce qui devrait le plus ouvrir les yeux sur le
faux des projets d'une république absolue, et en
repousser plus fortement la funeste conception,
c'est le souvenir de la fatale expérience qu'on en
a faite en 1793. Les horreurs qu'on a commises
pendant ces tems déplorables, ne s'effaceront jamais de la mémoire de tous ceux qui en ont été les
témoins ; les sentimens d'exécration de cette géné-
ration se transmettront à leurs descendans. Pour
eux une république en France sera toujours l'or-
ganisation de l'anarchie. Les désordres intoléra-
bles que renouvellent malheureusement les partisans de ce systême désastreux, ne justifient que
trop les prévisions des hommes paisibles sincèrement attachés à leur pays.

D'après ces considérations puisées dans l'amour
de la justice, de la vérité et de la patrie, il sera
facile aux électeurs d'apprécier le degré d'estime

et de confiance que méritent respectivement les candidats royalistes-constitutiōnnels, ou carlistes, ou républicains, et de choisir par conséquent parmi eux..... Mais que dis-je ? Le choix des différentes catégories de candidats ne doit, ne peut être l'objet d'une question. Car, puisque chaque électeur, avant de déposer son vote, est tenu de jurer solennellement qu'*il sera fidelle au Roi des Français, et qu'il obéira à la Charte constitutionnelle et aux lois du royaume*, il ne peut pas donner son suffrage à quelqu'un qu'il saurait être carliste ou républicain, par conséquent ennemi du gouvernement constitué, sans devenir parjure, sans faillir à l'honneur, sans être déloyal, et trahir sa conscience.

Certains individus intéressés à relâcher les liens de la morale publique ont osé dire : *à quoi servent les sermens, on en a tant faits !* Ce raisonnement dangereux est un pur sophisme. De ce que la nécessité, les circonstances impérieuses aient exigé souvent, depuis le commencement de la révolution, que les Français aient prêtés serment au Gouvernement constitué, il ne s'en suit pas que le serment n'ait pas toujours la même force en soi. Toutes les fois que le gouvernement cesse d'exister, par ce seul fait, les sujets sont entièrement déliés du serment qu'ils lui avaient prêtés. Mais les obligations qu'ils contractent envers celui qui lui succède ne sont pas moins fortes que les premières, et doivent subsister dans toute leur vigueur autant que l'autorité préservatrice du maintien de la loi qu'ils ont juré de défendre. A chaque succession de roi, ne faut-il pas renouveller son serment ? Il en a été de même pour les divers gouvernemens qui ont parcouru les différentes phases de la révolution.

Cela posé, les électeurs n'auront donc que la peine de discerner parmi les candidats royalistes-constitutionnels, qui sont sincèrement attachés à leurs devoirs, et entre ceux-ci, celui qui conviendra le mieux à la circonstance présente. Pour être préféré, il n'aura pas besoin de qualités brillantes. Le talent oratoire, l'habileté, les dispositions officieuses, ne valent pas la fermeté dans les principes, la droiture des sentimens, la régularité de la conduite, la gravité parlementaire, et surtout la forte résolution de défendre nos institutions, nos libertés contre les attaques des anarchistes.

Gardez-vous, Électeurs patriotes, de vous laisser capter par les démarches insidieuses, les promesses perfides, les adulations, les intrigues des candidats mûs par des vues d'ambition ou par

l'esprit de parti. Aucune considération particu-
lière, aucun intérêt personnel ne doit influencer
la liberté de vos suffrages.

Elevez-vous à la hauteur de votre noble tâche,
pour coopérer, en ce qui vous concerne, à sauver
la patrie en danger. Il s'agit de corroborer le
Gouvernement, d'augmenter son énergie, sa
force, en lui prêtant votre appui pour l'aider à
comprimer les factieux au dedans, et se faire
redouter des ennemis du dehors. Songez que la
fréquence du changement de ministère occasionne
notre faiblesse et décèle notre mésintelligence
dont les étrangers sont toujours prets à profiter
pour nous nuire. Qu'au moyen d'une Chambre
de députés bien composée, la France soit unie,
se tienne serrée sous l'égide de la garde nationale,
dans une attitude imposante. Que sa sagesse autant
que sa puissance la fasse respecter de l'Europe
entière qui a les yeux fixés sur elle, et qui,
contrainte de l'admirer, finira par prendre nos
institutions pour modèle de la civilisation et du
bonheur des peuples.

S'il est quelques conseils à ajouter à ces obser-
vations, on les réduit à ceux-ci :

Préférer pour donner son vote, non pas le plus

exalté ni le plus éloquent, mais le partisant le plus solidement affermi dans les principes de la révolution de 1789, et dans l'esprit de la Charte de 1830.

S'abstenir de tout mandat impératif et absolu; se confier à la conscience et au patriotrisme de son mandataire, persuadé qu'éclairé, par les discussions il se ralliera aux amendemens qui se rapprocheront le plus de l'esprit et des mœurs de la France actuelle.

Se borner à demander qu'il soit fixé des périodes où il sera permis de provoquer les délibérations des Chambres, sur les moyens de modifier, réformer et perfectionner ce que le tems, l'expérience, et les conquêtes de la civilisation auront fait reconnaître susceptible de l'être dans les institutions et les lois.

Le 30 *Juin* 1831.

Nantes, Imp de FOREST.

www.ingramcontent.com/pod-product-compliance
Lightning Source LLC
Chambersburg PA
CBHW061848060726
47597CB00008B/3624